Inhalt

Arbeitszimmer - Bundesverfassungsgericht erklärt aktuelle steuerliche Regelungen für verfassungswidrig

Kernthesen

Beitrag

Fallbeispiele

Weiterführende Literatur

Impressum

Arbeitszimmer - Bundesverfassungsgericht erklärt aktuelle steuerliche Regelungen für verfassungswidrig

A.Kaindl

Kernthesen

- Das Bundesverfassungsgericht erklärte die derzeit gültigen steuerlichen Regelungen zum Arbeitszimmer für teilweise verfassungswidrig und kippt damit eine Regelung von 2007.
- Ein heimisches Büro können demnach all jene absetzen, die einen Teil ihrer Arbeit zu Hause erledigen und vom Arbeitgeber dafür

keinen Arbeitsplatz zur Verfügung gestellt bekommen.
- Hunderttausende Steuerpflichtige können ihre Aufwendungen rückwirkend zum Jahr 2007 geltend machen.

Beitrag

Bundesverfassungsgericht kippt steuerliche Regelung für Arbeitszimmer

Hunderttausende Steuerpflichtige haben wieder größere Chancen ihr häusliches Arbeitszimmer von der Steuer absetzen zu können. Mit Beschluss vom 6. Juli 2010 hat das Bundesverfassungsgericht die seit 2007 geltende Regelung teilweise für verfassungswidrig erklärt. Der Entscheidung nach müssen die Aufwendungen auch dann steuermindernd berücksichtigt werden, wenn das Zimmer nicht den Mittelpunkt der gesamten Arbeit darstellt. Voraussetzung ist, dass kein anderer Arbeitsplatz zur Verfügung steht. Es verstößt gegen den Grundsatz der Gleichbehandlung, denjenigen Steuerzahlern die Absetzbarkeit ihres Arbeitszimmers zu verwehren, denen im Betrieb kein anderer

Arbeitsplatz zur Verfügung steht. Es gilt der Grundsatz: Beruflich veranlasster Aufwand ist grundsätzlich vom zu versteuernden Einkommen absetzbar. Für verfassungskonform halten die Karlsruher Richter, dass Steuerpflichtige, die noch einen anderen Arbeitsplatz haben, steuerlich keine Kosten geltend machen können, selbst wenn die Nutzung des heimischen Arbeitszimmers mehr als die Hälfte der Arbeitszeit ausmacht. Der Gesetzgeber ist nun verpflichtet, rückwirkend zum 1. Januar 2007 eine verfassungskonforme Regelung für die Arbeitszimmer zu schaffen. (1), (2), (5)

Die Verfassungsrichter haben prinzipiell keine Einwände gegen "sachgerechte Begrenzungen". Das Gericht hob in seiner Entscheidung hervor, dass der Gesetzgeber über einen erheblichen Gestaltungsspielraum verfügt. Er darf Höchstgrenzen festsetzen und einen pauschalen Anteil privater Nutzung veranschlagen, weil es den Finanzbehörden kaum möglich ist zu kontrollieren, in welchem Umfang ein Zimmer beruflich oder privat genutzt wird. Diese Pauschale dürfte aber bei vielen Betroffenen unter den tatsächlichen Kosten eines angemessenen Arbeitszimmers liegen. (5)

Das Verfassungsgericht erklärte, dass die derzeitige Vorschrift im Umfang der festgestellten Unvereinbarkeit mit dem Grundgesetz nicht mehr angewendet werden darf. Damit existiert derzeit für diese Fälle keine Norm, an der sich das Finanzamt orientieren kann. Deshalb werden betroffene Steuerpflichtige erst einen neuen Steuerbescheid erhalten, wenn es eine gesetzliche Neuregelung gibt. (4)

Einschränkung der Absetzbarkeit von Arbeitszimmern durch die Große Koalition

Bis 2007 konnten die Kosten für Arbeitszimmer mit bis zu 1 250 Euro jährlich abgesetzt werden, wenn der Steuerpflichtige mehr als 50 Prozent seiner Arbeit dort verrichtete. Die Große Koalition hatte dann die Absetzbarkeit von häuslichen Arbeitszimmern aus fiskalischen Gründen drastisch eingeschränkt. Arbeitnehmer und Selbstständige konnten die Aufwendungen nur dann als Betriebsausgaben oder Werbungskosten geltend machen, wenn das häusliche Arbeitszimmer "den Mittelpunkt der gesamten betrieblichen und beruflichen Betätigung" bildete. (1), (2)

Zahlreiche Steuerpflichtige ohne Schreibtisch in der Firma konnten seither ihre Aufwendungen für ein privates Arbeitszimmer nicht mehr dem Finanzamt in

Rechnung stellen. Dagegen waren zahlreiche Klagen eingereicht worden. Erfolg hatte die Klage eines Lehrers. Sein Antrag auf Zuweisung eines Arbeitsplatzes war von der Schulleitung abgelehnt worden. Das Finanzgericht Münster lehnte seine Klage ab. Das Verfassungsgericht argumentierte dagegen: Die vom Gesetzgeber angeführten fiskalischen Gründe könnten als Rechtfertigung für die Verschärfung nicht herangezogen werden. (1)

Auswirkungen des Urteils auf die Steuerpflichtigen

Die betroffenen Steuerpflichtigen stellen sich jetzt die Frage, ob sie rückwirkend vom Urteil profitieren können. Entscheidend bei der Beantwortung der Frage ist, ob die Steuerbescheide seit 2007 bereits bestandskräftig sind oder noch offen oder in dem Punkt "Abzugsfähigkeit der Kosten für häusliche Arbeitszimmer" nur vorläufig ergangen sind. Sind Bescheide in diesem Punkt vorläufig, ist der Steuerpflichtige auf der sicheren Seite. (4)

Die Steuerpflichtigen, die die Ausgaben für das private Arbeitszimmer in den Steuererklärungen für 2007, 2008 und 2009 weiterhin angegeben haben, deren Steuerbescheide versahen die Beamten mit einem so genannten Vorläufigkeitsvermerk. Diesen

Steuerzahlern wird das Finanzamt die Kosten für die Jahre ab 2007 in den kommenden Monaten automatisch überweisen.

Wer gegen seinen Steuerbescheid Einspruch eingelegt und eine Aussetzung der Vollziehung beantragt hat, konnte die Ausgaben für das Arbeitszimmer in der Steuererklärung verrechnen. In diesen Fällen mussten die Beamten die Ausgaben abhaken und die Steuerersparnis auszahlen. Diese Steuerzahler haben die Ersparnis bereits erhalten und müssen nicht mehr fürchten, zur Kasse gebeten zu werden.

Ist der Steuerbescheid noch nicht älter als ein Monat, kann gegen diesen noch Einspruch einlegt werden.

Wer noch keine Steuererklärung für die Jahre ab 2007 abgegeben hat, sollte das nun nachholen und darin die Ausgaben für das häusliche Arbeitszimmer auflisten. (6)

Wer im Vertrauen auf die Verfassungsmäßigkeit der seit 2007 geltenden Regeln keinen Einspruch gegen Steuerbescheide ohne automatischen Vorläufigkeitsvermerk eingelegt hat, geht wohl leer aus. Ein bestandskräftiger Bescheid lässt sich rückwirkend nur äußerst selten wieder öffnen. (1), (4)

Ein heimisches Büro können all jene absetzen, die

einen Teil ihrer Arbeit zu Hause erledigen und vom Arbeitgeber dafür keinen Arbeitsplatz zur Verfügung gestellt bekommen. Gibt es einen Arbeitsplatz, können häusliche Arbeitszimmer nicht abgesetzt werden. Auch dann nicht, wenn der Arbeitnehmer mehr als 50 Prozent der beruflichen Tätigkeit zu Hause verrichtet.

Es gilt die Faustregel, dass ein Arbeitszimmer nicht zu mehr als zehn Prozent privat genutzt werden darf. Für die Feststellung des Anteils der privaten Nutzung, stützt sich das Finanzamt auf Indizien wie die gesamten räumlichen Verhältnisse und die Einrichtung des Arbeitszimmers. Außerdem muss das Büro durch eine Tür vom Rest der Wohnung abgegrenzt sein. (1)

Entsprechend dem Richterspruch aus Karlsruhe reicht es künftig für die Absetzbarkeit eines Arbeitszimmers aus, wenn der Arbeitgeber bescheinigt, dass in der Firma kein Arbeitsplatz zur Verfügung steht. (4)

Entscheidung zur Absetzbarkeit des Arbeitszimmers ist eine Ohrfeige für die Politik

Nach der Pendlerpauschale wurde wieder einmal ein Steuergesetz vom Gericht kassiert. Das zeigt, dass willkürliche Eingriffe in das Steuerrecht keinen Bestand haben. Dass der Staat in Steuerfragen zunehmend von anderen Instanzen in seine Schranken gewiesen werden muss, hat seinen Grund in den leeren Staatskassen. Die zweifelhaften Änderungen des Staates im Steuerrecht sind ein Versuch, die Kassenlage wenigstens ein bisschen aufzubessern. (1), (3)

Trends

Das Finanzministerium kündigte nach dem Beschluss des Bundesverfassungsgerichts eine baldige steuerliche Neuregelung zum Arbeitszimmer an. Eine Möglichkeit wäre, via Jahressteuergesetz 2010 einen Passus ins Steuerrecht einzufügen. Dieser gilt dann frühestens ab 1. Januar 2011. (4)Nachdem der Fiskus mit der Absetzbarkeit des Arbeitszimmers gescheitert ist, könnte die nächste Schlappe bereits bevorstehen. Durch das aktuelle Urteil ermutigt, setzt etwa der Bund der Steuerzahler nun auch auf ein Aus für den Solidaritätszuschlag. (3)

Fallbeispiele

Dieter Ondracek, Chefs der Deutschen Steuer-Gewerkschaft, schätzt, dass das Urteil die Einnahmen des Bundes um 0,7 bis etwa 1,0 Milliarden Euro pro Jahr mindern wird. Profitieren davon werden rund eine Million Arbeitnehmer mit im Schnitt 500 bis 1 000 Euro. (2), (4)

Karl-Heinz Däke, Präsident des Bundes der Steuerzahler, vertritt die Ansicht, dass auch der Solidaritätszuschlag nicht mit dem Grundgesetz vereinbar ist. Das niedersächsische Finanzgericht hatte Ende 2009 bereits den seit 1995 erhobenen Solidaritätszuschlag in Frage gestellt. Das Verfassungsgericht soll nun auf Wunsch des Gerichts prüfen, ob der seit 15 Jahren zu entrichtende Solidaritätszuschlag nicht auch verfassungswidrig ist. (3)

Weiterführende Literatur

(1) Gericht kippt Steuerregelung für Arbeitszimmer
aus Handelsblatt Nr. 145 vom 30.07.2010 Seite 17

(2) Arbeitszimmer können wieder leichter von der Steuer abgesetzt werden
aus Frankfurter Allgemeine Zeitung, 30.07.2010, Nr. 174, S. 1

(3) Ist das Arbeitszimmer nur der Anfang? Das Urteil zur Absetzbarkeit des heimischen Büros beweist: Beim Thema Steuern ist der von der Krise geschüttelte Staat zunehmend von reiner Geldnot getrieben. Das könnte ihn teuer zu stehen kommen
aus Welt am Sonntag, 01.08.2010, Nr. 31, S. 35

(4) Karlsruhe bremst Fiskus beim Arbeitszimmer aus
aus Euro am Sonntag, 31.07.2010, Nr. 31, S. 7

(5) Arbeitszimmer wieder leichter absetzbar
aus Süddeutsche Zeitung, 30.07.2010, Ausgabe Bayern, S. 1

(6) Verfassungsgericht kippt Arbeitszimmer-Regel
Viele können das private Büro steuerlich geltend machen - Hohe Rückzahlungen
aus DIE WELT, 30.07.2010, Nr. 175, S. 13

Impressum

Arbeitszimmer - Bundesverfassungsgericht erklärt aktuelle steuerliche Regelungen für verfassungswidrig

Bibliografische Information der deutschen Nationalbibliothek

Die Deutsche Nationalbibliothek verzeichnet diese Publikation in der deutschen Nationalbibliografie; detaillierte bibliografische Daten sind im Internet über http://dnb.d-nb.de abrufbar.

ISBN: 978-3-7379-1391-1

© 2015 GBI-Genios Deutsche Wirtschaftsdatenbank GmbH, Freischützstraße 96, 81927 München, www.genios.de

Alle Rechte vorbehalten. Dieses Werk ist einschließlich aller seiner Teile – z.B. Texte, Tabellen und Grafiken - urheberrechtlich geschützt. Jede Verwertung außerhalb der Grenzen des Urheberrechtsgesetzes bedarf der vorherigen Zustimmung des Verlags. Dies gilt insbesondere auch für auszugsweise Nachdrucke, fotomechanische Vervielfältigungen (Fotokopie/Mikroskopie), Übersetzungen, Auswertungen durch Datenbanken oder ähnliche Einrichtungen und die Einspeicherung und Verarbeitung in elektronischen Systemen.